LETTRE

A Messieurs les Membres de la Commission de l'organisation municipale de Paris et des Communes du département de la Seine.

par

A. Alphand

A *Messieurs les Membres de la Commission de l'organisation municipale de Paris et des Communes du département de la Seine.*

MESSIEURS,

Permettez à un habitant de Paris, qui s'est occupé depuis un grand nombre d'années des affaires de cette ville, de soumettre à votre appréciation, les bases d'une organisation départementale et communale pour Paris, capitale de la France, ainsi que pour le territoire qui l'environne et forme une ceinture étroitement liée à la grande cité qu'elle enserre.

Pour arriver à une organisation administrative rationnelle de Paris et des communes qui n'en sont en quelque sorte qu'un faubourg, il faut examiner et résoudre trois questions principales :

En premier lieu, la centralisation actuelle de l'administration municipale doit-elle être maintenue ou faut-il confier la direction des affaires de la cité, en totalité ou en partie, à des municipalités distinctes par arrondissement, ou à un maire qui ne soit pas un fonctionnaire de l'État ?

En second lieu, quel doit être le mode de nomination des conseillers municipaux, des maires et de leurs adjoints?

Enfin, quelle organisation convient-il de donner au département de la Seine et aux communes qui le forment, en dehors des limites actuelles de Paris?

PREMIÈRE QUESTION

Le système administratif de Paris a varié suivant les institutions politiques du pays et suivant l'importance relative qu'a acquise, avec le temps, la cité qui devait être un jour la tête d'un puissant Empire et la capitale intellectuelle du monde.

Sans qu'il soit nécessaire de refaire l'historique de l'administration de la ville de Paris, il est utile de rappeler qu'elle a donné lieu aux plus grands embarras à tous les gouvernements qui se sont succédé depuis plusieurs siècles, et créé des difficultés dangereuses pour la sécurité de la nation, depuis les discordes civiles qui troublèrent le règne de Charles VI jusqu'à la Commune révolutionnaire du 10 août 1792, de sanglante mémoire.

C'est seulement à partir de la Constitution du 5 fructidor an III, qui a préparé les bases de l'organisation qui subsiste aujourd'hui, que l'accord s'est établi entre le gouvernement de la France et la municipalité de Paris en enlevant, il faut bien le reconnaître, toute indépendance à la vie municipale. Il est certain, en effet, que, depuis l'an III et sauf de rares et courtes exceptions, il n'y a pas eu de municipalité à Paris. Le pouvoir de la Commune, en tant qu'administration, est tout entier dans les mains du Préfet de la Seine; en tant que police, c'est-à-dire en tant que

surveillance, que tutelle protectrice et répressive, il est
dans les mains du Préfet de police ; et les maires des arrondissements ne sont que des officiers de l'état civil,
chargés en outre de surveiller et d'assurer l'exécution des
décisions de l'autorité préfectorale sur un petit nombre
seulement des objets multiples qu'elle embrasse.

Cette organisation, due aux illustres fondateurs d'une
législation générale qui a fait la France grande et prospère,
n'a pas eu de résultats moins heureux pour Paris, qui est
devenu le cœur et la tête de l'État, le siége des illustrations des sciences et des arts, et le centre des plus grandes
entreprises financières, industrielles et commerciales,
non-seulement de notre pays, mais du monde entier.

Des institutions qui ont porté de tels fruits, sont dignes
de respect et ne doivent pas être légèrement détruites,
parce qu'elles ont pu, comme toutes les choses humaines,
être des œuvres imparfaites et donner lieu à certains abus.

A la suite de chaque révolution politique, on a voulu
renverser l'organisation municipale de Paris, mais il a toujours fallu promptement y revenir, par suite de l'impossi-
bilité d'en trouver une autre plus satisfaisante. Les hommes politiques les plus illustres n'ont jamais hésité à
reconnaître que la situation de Paris est telle qu'elle mo-
tive des institutions exceptionnelles en ce qui touche son
organisation municipale.

Un éminent orateur, dont on peut ne pas partager les
opinions, mais dont tout le monde admire le talent et ho-
nore le caractère, et dont le libéralisme ne saurait être
contesté, M. Jules Favre, s'exprimait ainsi, au Corps législatif, dans la séance du 19 janvier 1851 :

« Est-ce que la municipalité, en tant que personne pri-

« vée, indépendante du gouvernement existe à Paris ?
« Est-ce qu'elle ne se confond pas avec le gouvernement ?
« Est-ce qu'elle ne le pénètre pas ? Est-ce qu'elle ne le
« subit pas ? Est-ce qu'elle ne l'inspire pas ? Quant à moi,
« et je ne crains pas qu'on prenne acte de la déclaration
« que je dépose ici, *je considérerais comme n'ayant rien*
« *appris dans l'histoire, comme étant un homme politi-*
« *que voulant vouer son pays à des tempêtes, celui qui*
« *essaierait de ressusciter une municipalité indépendante,*
« *une Commune de Paris, qui ne relèverait pas du gou-*
« *vernement.* »

Un grand publiciste, dont certaines excentricités n'ont
pu détruire l'autorité dans les questions qui touchent à
l'économie sociale et en particulier aux institutions démo-
cratiques, Proudhon, dans son livre sur la capacité politique des classes ouvrières, dit aussi :

« Entreprendre de séparer les affaires municipales de
« celles de la capitale, ce serait tenter une diversion im-
« possible : en tous cas, créer, entre le gouvernement et
« la municipalité, entre l'empire et la capitale, un perpé-
« tuel conflit. Séparez donc dans cette immense capitale,
« ce qu'il est juste d'attribuer à l'activité, à l'industrie, à
« l'influence de ses habitants, d'avec ce qui appartient à
« l'influence supérieure du gouvernement et du pays !
« Bon gré, malgré, il faut que les mairies de Paris ne
« soient autre chose que des succursales de la Préfecture.
« La Commune de l'Hôtel-de-Ville, de 85 à 95, a porté
« les plus rudes coups à la monarchie ; elle n'a guère fait
« moins de mal à la Révolution. . . . .
« Non, Paris, tant qu'il restera ce que l'ont fait la po-

« litique et l'histoire, le foyer de notre agglomération na-
« tionale, tant que capitale de l'empire, de la monarchie
« ou de la république, le nom ne fait rien à la chose, il
« aspirera au titre supérieur encore de métropole de la
« civilisation, Paris ne peut s'appartenir. Une semblable
« possession de lui-même serait une véritable usurpation ;
« le gouvernement y consentirait que les départements ne
« le peuvent permettre. »

Ainsi donc, la substitution ou la juxtaposition à l'autorité préfectorale, administrant Paris, d'une autorité indépendante émanant, à un titre quelconque, de la volonté
unique des citoyens, soit qu'elle s'exerce par un seul magistrat, soit qu'elle se répartisse entre les administrateurs
de chaque arrondissement, paraissent également impossibles.

« Il y aurait d'un côté un Préfet qui tendrait à imposer
« sa volonté au pouvoir municipal ; de l'autre, un pouvoir
« municipal suffisamment armé pour lui résister et re-
« vendiquant, en s'appuyant sur l'opinion publique ou sur
« les besoins de la population, une autorité quelconque
« sur laquelle il se fonderait pour lutter contre l'autorité
« du Préfet. »
« La paix entre ces pouvoirs divergents serait impos-
« sible, et il ne saurait y avoir entre eux que désordre
« et anarchie, » au grand détriment des intérêts du pays
tout entier et de la sécurité de la Cité.
Cet état de lutte permanente, si énergiquement décrit
par l'honorable M. Jules Favre, prendrait des proportions
bien plus alarmantes encore si l'autorité du Préfet se
trouvait en face d'un Conseil municipal élu, ou si ce Conseil municipal lui-même, mettait en présence, dans son

sein et en antagonisme constant, des membres élus par
leurs concitoyens et d'autres nommés par l'Empereur ou
par tout autre pouvoir public. C'est en vain qu'on espére-
rait remédier à ce désordre par le droit de dissolution et
de nomination d'une commission provisoire.

Sans parler de l'agitation inévitable qu'entraînerait une
telle mesure, de la souffrance qui en résulterait pour les
intérêts de la population, des embarras très-graves qu'elle
susciterait au Gouvernement, il faudrait toujours en revenir à des élections qui conserveraient leur caractère politique, et le Gouvernement se trouverait de nouveau en
présence d'hommes de parti, dont le mauvais vouloir sys-
tématique se verrait renforcé par une réélection certaine
due à la passion politique. Et si le pouvoir, soucieux de
donner une satisfaction légitime aux besoins de la Cité ou
du pays qu'il représente, maintenait avec fermeté ses prérogatives plutôt que de se courber sous le joug humiliant
d'une assemblée anarchique, quelles admirables occasions
d'émeutes pour les fauteurs de désordres que renferme
toujours Paris !

La nature des choses ne réclame pas d'ailleurs une division d'attributions, qui répartirait la vie municipale dans
les arrondissements. La création des arrondissements à
Paris n'est utile qu'au point de vue des besoins civils des
habitants. Mais l'arrondissement ne constitue pas une
agglomération qui, sous le rapport matériel, ait des intérêts distincts. Les revenus municipaux ne sauraient être
divisés par arrondissement. Cette division n'est pas plus
possible pour les grands services publics des travaux de
la viabilité, des eaux, des égouts, de l'éclairage au gaz,
des omnibus, enfin pour tout ce qui constitue la vie municipale.

Des municipalités isolées ne pourraient être par conséquent que des délégations d'un pouvoir central, seul dépositaire et dispensateur des revenus de la Cité ; dès lors elles seraient sans action pour la satisfaction des besoins des habitants de leur section, et, par conséquent, sans influence et sans utilité.

On a cherché, à diverses époques, à augmenter les attributions des maires, en leur abandonnant une partie des fonctions municipales exercées par le Préfet ; mais il a toujours été très-difficile de trouver rien d'important à leur confier en dehors des actes de l'état civil. On a pu donner aux maires la surveillance des écoles, celle des établissements municipaux de l'arrondissement ; on pourra encore étendre leur action aux édifices du culte et à quelques services secondaires ; mais il sera toujours impossible de les immiscer dans les grands services publics qui ont fait la fortune et la gloire de Paris, et lui ont attiré l'admiration du monde entier lors de l'Exposition universelle de 1867. L'auteur de cette lettre, comme Président d'une section du jury de cette exposition, a eu l'honneur de faire visiter Paris à deux Ministres des Travaux publics de l'Angleterre, sir Cowper et M. Layard ; aux administrateurs, aux ingénieurs et aux savants les plus éminents des capitales de l'Europe, et de les initier aux détails de l'organisation municipale de Paris. Tous ont admiré la puissance d'institutions qui ont permis de créer ce Paris moderne que nous envie le monde entier, et sont partis avec la ferme intention d'en introduire l'usage dans leur pays autant que la situation des choses le comporte.

Ce n'est pas après cette manifestation éclatante, qui devrait flatter notre amour-propre national, qu'on voudrait détruire, sans nécessité absolue, une administration dans laquelle il suffirait d'apporter quelques réformes de détail pour faire disparaître les abus ou les difficultés que l'expérience a fait reconnaître.

N'oublions pas les leçons que nous donne l'histoire des malheurs de notre pays, et sachons, enfin, réformer sagement et successivement ce que nous possédons, au lieu de le détruire, pour édifier sur des ruines des institutions nouvelles que l'expérience n'a pas sanctionnées, et qui tomberaient bientôt sous la réprobation publique.

DEUXIÈME QUESTION

Après avoir justifié la conservation des pouvoirs municipaux des deux préfectures, et d'une autorité municipale centralisée, il reste à examiner quelle doit être la constitution du Conseil municipal nommé, aujourd'hui, par l'Empereur, tandis que, partout ailleurs, les citoyens participent à l'administration de leur cité, en nommant leurs conseillers par le suffrage universel.

Les Conseils municipaux nommés par le Gouvernement ont été toujours composés d'hommes éminents, des illustrations de la politique, des arts, de la science, de l'industrie et du commerce. L'honorabilité, la capacité et l'indépendance de leurs membres ne sauraient être contestées; et cependant il faut reconnaître que l'opinion publique est à peu près unanime à réclamer un changement dans cette partie de l'administration de la Cité. La cause de cette manifestation du sentiment public est facile à déterminer. Elle ne doit pas être attribuée uniquement au mode de nomination des Conseillers municipaux par le souverain, mais bien au système suivi pour la désignation des candidats présentés au choix de l'Empereur. Il est incontestable, en fait, que c'est le Préfet de la Seine qui présente ses candidats, et que ce magistrat nomme ainsi, indirectement, les contrôleurs de sa gestion administrative.

Évidemment ce système ne peut être maintenu avec la transformation libérale qui s'opère dans toutes les institutions du pays. Mais faut-il le détruire complétement et ramener Paris au droit commun en lui faisant élire son Conseil municipal par le suffrage universel, plus ou moins restreint?

Il ne faut pas se faire illusion sur les résultats de ces restrictions. Si elles sont étendues et portent, soit sur l'acquittement d'une contribution, soit sur une longue résidence, elles ne donneront aucune satisfaction à l'opinion, qui réclame un Conseil électif. Dans tous les cas, l'élection, restreinte ou non, prise comme base unique de la constitution du Conseil municipal, ne sera jamais qu'un moyen déguisé de servir les passions politiques.

Paris d'ailleurs ne peut jouir à la fois des honneurs de la capitale et des prérogatives laissées aux municipalités des autres villes. Paris est la résidence du Souverain et le siége du Gouvernement, des Ministres, du Sénat, du Corps législatif, du Conseil d'État, de l'aristocratie provinciale. C'est dans la capitale que se trouvent les académies, les premiers établissements littéraires, scientifiques et artistiques du monde. C'est là que les grandes Compagnies financières et industrielles ont leur siége, là que le commerce a ses principaux établissements. C'est à la Banque, à la Bourse de Paris que se discutent toutes les grandes entreprises.

Tout cela, évidemment, dépasse de beaucoup les attributions d'une municipalité ordinaire, et si Paris veut

jouir des avantages qu'il en retire, le pays tout entier a
bien le droit de ne pas abandonner aux Parisiens seuls,
la gestion et la défense de ses plus chers intérêts en leur
laissant une constitution municipale qui rendrait, pour
ainsi dire, Paris l'égal de l'Empire, et qui lui permettrait,
en rétablissant une nouvelle Commune révolutionnaire à
l'Hôtel-de-Ville, de se poser en rival du Gouvernement,
du Sénat et du Corps législatif. Si un arrêté municipal pouvait faire échec aux lois ou aux décrets du Souverain; si,
en cas d'émeute ou d'invasion, une municipalité toute-
puissante, appuyée sur le suffrage universel qui l'aurait
nommée, pouvait capituler avec les ennemis de l'ordre ou
ceux de notre nationalité, où serait la sécurité du pays? Et
la France entière supporterait-elle un semblable régime?

Il est donc nécessaire que le Conseil municipal de Paris
soit l'objet de règles particulières à la capitale, qui ne
soient point un amoindrissement pour elle, mais qui soient
la conséquence de sa grandeur et de sa prépondérance, et
qui, loin d'être injurieuses ou attentatoires à la liberté de
ses habitants, la traitent au contraire comme il convient
à sa dignité qu'elle le soit. Pour cela, il faut faire, dans
l'administration de la Cité, une part à tous les intérêts
qu'elle représente et séparer, dans le développement de
cette immense capitale, ce qu'il est juste d'attribuer à
l'activité, à l'industrie, à l'influence de ses habitants, de
ce qui appartient à l'influence du Gouvernement et du
pays; et il ne faut pas laisser au hasard du suffrage universel, même plus ou moins restreint, le soin qu'il pour-
rait négliger, d'assurer la représentation, dans les Conseils
de la Cité, des intérêts divers et considérables qui doivent
y trouver place.

L'auteur du projet soumis à la Commission s'est inspiré de

ces principes incontestables, en laissant à l'Empereur la nomination des membres du Conseil municipal, afin qu'ils siégent tous au même titre, mais en obligeant le Souverain à les choisir, dans des proportions déterminées par la loi, sur des listes de candidats élus par les groupes divers qui doivent participer, avec leur légitime influence, à la gestion des affaires municipales de Paris.

C'est ainsi qu'un premier tiers du Conseil serait pris dans les grands corps de l'État et parmi les représentants les plus élevés des sciences, des arts et des professions libérales.

Un second tiers serait donné à la représentation du commerce, de l'industrie, du travail des ouvriers et de la propriété, qui a des intérêts spéciaux à Paris et qui doit être assurée d'une représentation effective à l'Hôtel-de-Ville.

Le dernier tiers, enfin, serait choisi parmi les candidats élus par le suffrage universel, limité cependant à une condition de résidence de deux ans dans l'arrondissement, condition qui n'est pas excessive pour acquérir, à Paris, le droit de cité.

Les considérations qui motivent le choix des Conseillers municipaux s'appliquent à celui des maires. Les listes de candidats aux fonctions de Conseillers municipaux désigneraient également les citoyens à choisir par le Souverain pour les fonctions de maires et d'adjoints.

La nomination par le Corps législatif des maires et des conseillers municipaux a été proposée. Elle paraît dangereuse au point de vue politique. Le Corps législatif a pour mission de faire des lois, conjointement avec le Sénat et l'Empereur. En lui attribuant la nomination de magistrats ou celle de citoyens pouvant exercer une portion quelcon-

que de l'autorité publique, on établirait une confusion
fâcheuse, entre le pouvoir législatif et le pouvoir exécutif
qui doit, seul, rester chargé des nominations à toutes les
fonctions, sous peine de voir le pouvoir législatif devenir
une Convention.

Enfin le choix à faire dans les listes de candidats pour
le Conseil municipal doit être dirigé de manière à assurer la présence, dans le Conseil, d'habitants ou de propriétaires de chaque quartier ; et ce choix est à peu près
impossible à une assemblée nombreuse votant au scrutin.

Est-il à craindre que l'organisation municipale ainsi
confiée en partie à un souverain constitutionnel, agissant
d'après les conseils de ministres responsables, puisse por-
ter atteinte à la liberté des citoyens? L'illustre orateur
déjà cité a répondu à cette préoccupation par les paroles
suivantes :

« Je comprends parfaitement que le pouvoir municipal,
« si énorme dans une cité comme Paris, appartienne à un
« agent qui soit directement placé sous la main de M. le
« Ministre de l'Intérieur. Et pourquoi, Messieurs? non-
« seulement parce que ce serait, suivant moi, une im-
« prudence politique que de restaurer la Commune de
« Paris, mais encore parce que la présence et l'action du
« Gouvernement central sont une garantie constante pour
« les citoyens.

« Aussi, Messieurs, reportez-vous aux écrits d'un homme
« dans les lumières duquel vous aurez sans doute con-
« fiance. L'honorable M. Béranger, dans son livre sur la
« justice criminelle dit, avec raison, que la ville de France
« où l'on a le plus de liberté, c'est la ville qui est régie
« par le Préfet de Police, parce que là se trouve l'ensemble

« des pouvoirs, et aussi parce que l'opinion y est la plus
« forte et la plus éclairée, et que les abus y sont pour ainsi
« dire impossibles. »

TROISIÈME QUESTION

L'organisation nouvelle de l'administration de la ville
de Paris serait incomplète si elle ne s'étendait pas aux
communes qui l'enveloppent et même à la constitution du
département de la Seine tout entier. Il existe, évidemment,
un défaut d'équilibre entre Paris, considéré comme chef-
lieu de département et le territoire exigu auquel il est as-
socié dans une organisation départementale plus fictive que
réelle.

En dehors de l'agglomération de deux millions d'habitants que renferme l'enceinte fortifiée circonscrivant la
capitale, un territoire suburbain est évidemment nécessaire pour garantir ses intérêts de toute espèce, pour re-
cevoir les dépendances de la vie urbaine, et, spécialement,
pour lui assurer des accès convenables. On peut donc voir,
dans cette ceinture étroitement liée à la grande Cité qu'elle
enveloppe, une série de faubourgs parisiens plutôt qu'un
groupe de communes réellement distinctes de Paris. Elle
deviendrait, en effet, une gêne pour la capitale au lieu
d'une défense et d'une protection, si la communauté de
sentiments et d'intérêts qui les unit, malgré la séparation
actuelle de leur existence, au point de vue municipal, ve-
nait à cesser pour faire place à un état d'antagonisme.

Or, n'est-il pas à redouter que cette séparation se pro-
duise si les communes qui enserrent Paris, rendues au
droit commun, nomment leurs municipalités et restent,

ainsi, livrées aux passions politiques qui seraient d'autant plus ardentes dans le territoire suburbain de la capitale qu'elles ne trouveraient plus d'aliment dans l'organisation municipale de l'intérieur de la Cité?

L'intérêt prédominant de la capitale doit donc imposer aux territoires qui forment sa ceinture, l'abandon d'une partie de leurs libertés municipales. Sans doute le voisinage de Paris est exigeant et commande un sacrifice peut-être pénible aux communes voisines; mais la compensation s'établit par les avantages considérables que leurs populations retirent d'un semblable voisinage, qui est l'unique cause de leur prospérité. La satisfaction de leurs besoins généraux n'est due, d'ailleurs, qu'aux habitants de Paris, car la Ville fournit un contingent de 92 $\%$ dans le produit des centimes départementaux.

En fait, il n'y a, pour Paris et le département de la Seine, qu'un même ensemble de ressources, comme il n'y a qu'une administration et comme il n'y a, pour ainsi dire, qu'un Conseil, puisque le Conseil général de la Seine est presque exclusivement composé des Conseillers municipaux de Paris. Pourquoi, dès lors, ne pas assimiler complétement l'administration du territoire suburbain de Paris à l'administration du centre de la Cité, et conserver une organisation départementale qui n'est qu'une gène pour les habitants, en les détournant de Paris, qui les appelle, pour les obliger à chercher à Saint-Denis et à Sceaux la solution des affaires qui les intéresse et que retarde indéfiniment une organisation administrative que rien ne justifie?

Cette privation d'une partie de leurs libertés municipales ne doit être imposée toutefois qu'aux habitants du territoire strictement nécessaire à l'existence de la capitale. On peut en distraire sans inconvénient, pour les réunir au département de Seine-et-Oise, les communes isolées du centre, par la Seine à l'ouest, entre Sèvres et Saint-Denis, et par la Marne et la Seine à l'est, depuis Bry-sur-Marne jusqu'à Vitry inclusivement, ainsi que les villes de Saint-Denis et de Sceaux, avec les territoires placés à leur suite, au nord et au sud du département.

Les premiers articles du projet soumis à la Commission réalisent cette simplification dans l'Administration de Paris et de son territoire, qui n'imposerait, d'ailleurs, aucune charge nouvelle aux habitants venant se ranger sous les lois de la grande commune, car on n'augmenterait pas leurs tarifs d'octroi. La suppression de nombreux rouages administratifs devenus inutiles permettrait, au contraire, d'assurer plus rapidement et plus économiquement l'expédition des affaires.

RÉSUMÉ

En résumé, l'organisation nouvelle, soumise à l'appréciation de la Commission, laisse aux habitants de Paris et à ceux du territoire que la force des choses oblige à grouper dans une seule et grande commune, la part légitime qu'ils doivent avoir dans la vie municipale de la Cité, tout en conservant au pays, représenté par le Gouvernement, l'influence sur l'administration de sa capitale, qui est nécessaire à la prospérité et à la sécurité de la France.

Cette reconstitution municipale, en assurant des conditions de sécurité qui leur sont indispensables, aux représentants les plus illustres des sciences, des arts, des lettres, et aux grandes entreprises industrielles et commerciales du monde entier, conservera à Paris son titre supérieur à tout autre, de métropole de la civilisation.

La liberté des citoyens ne peut pas d'ailleurs en souffrir, parce que là se trouve l'ensemble des pouvoirs publics et que l'opinion publique « à laquelle appartient toujours la dernière victoire, » y est la plus forte et la plus éclairée.

La constitution d'un Conseil municipal indépendant, qui représente, dans une juste proportion, tous les intérêts légitimes qui doivent participer à la gestion des affaires municipales, et qui contribue à tous les actes de l'administration de la Cité, permet de supprimer le vote du budget extraordinaire par le Corps législatif. Cette mesure d'exception, contraire au principe des attributions des divers pouvoirs, ne pouvait se justifier que dans l'hypothèse du maintien d'une Commission municipale nommée uniquement par le Gouvernement et à laquelle le Gouvernement, lui-même, paraît renoncer aujourd'hui. Son application aurait soulevé, dans la pratique, de nombreuses difficultés auxquelles on a dû pourvoir, déjà, par le vote des crédits provisoires.

La publicité donnée aux séances du Conseil municipal et à la part prise par chaque conseiller à la discussion des affaires, donne aux contribuables des garanties suffisantes pour la bonne gestion des finances de la Ville, et rend inutile le contrôle supérieur des représentants du pays qui conservent, d'ailleurs, par le mode même d'organisation du nouveau Conseil, l'influence qui doit leur revenir dans l'administration municipale de la capitale.

Veuillez agréer, Messieurs, l'assurance de ma haute considération.

UN HABITANT DE PARIS.

BASES D'UNE ORGANISATION DÉPARMENTALE
ET COMMUNALE POUR PARIS CAPITALE

ARTICLE PREMIER.

Le département de la Seine est supprimé. Son territoire, en dehors des fortifications de Paris, sauf les par-
ties qui seront réunies au département de Seine-et-Oise,
formera, comme la ville de Paris, une seule commune, capitale de la France.

ART. 2.

La capitale de la France est divisée en deux zones : l'une,
urbaine, limitée aux fortifications ; l'autre, suburbaine,
qui n'est pas soumise à l'octroi de Paris, mais qui suppor-
tera un droit d'octroi de banlieue, basé sur les tarifs
moyens des communes réunies à la capitale.

ART. 3.

Le territoire suburbain est divisé en huit arrondissements, administrés comme les vingt arrondissements du
Paris actuel qui sont maintenus. Le nombre des adjoints
pourra seulement être augmenté de manière à avoir un
adjoint spécial pour les actes de l'état civil, dans chaque
centre important de population.

Les dispositions des articles 8 et 9 de la loi du 16 juin 1869 seront appliquées aux communes, ou portions de communes, formant ce territoire suburbain.

Art. 4.

Le Préfet de la Seine prend le titre de Préfet de Paris. Le Préfet de Paris et le Préfet de police conservent, en ce qui concerne les affaires de l'État, dans le territoire de Paris-Capitale, leurs attributions actuelles. Ils remplissent d'ailleurs, pour les arrondissements suburbains, les fonctions qui leur sont attribuées actuellement pour les vingt arrondissements de Paris.

Le Conseil municipal de Paris, composé de 84 membres, réunit les attributions confiées, dans les autres départements français, aux Conseils généraux, aux Conseils d'arrondissement et aux Conseils municipaux.

Il vote un seul budget comprenant à la fois les recettes et les dépenses départementales et communales, dans les limites fixées par les lois existantes pour les départements et les communes. Ce budget est approuvé par l'Empereur conformément aux dispositions de la loi du 24 juillet 1867,

Art. 5.

Le Conseil municipal est nommé par l'Empereur; les membres en sont choisis dans les proportions indiquées au tableau suivant sur des listes de candidats, dressées conformément aux indications dudit tableau et de manière à donner au moins un représentant au Conseil municipal pour chaque arrondissement urbain ou suburbain.

NOMBRE DE CONSEILLERS à nommer PAR L'EMPEREUR dans chaque catégorie		DÉSIGNATION DES ÉLECTEURS nommant à l'élection ET AU SCRUTIN SECRET à la majorité relative les Candidats à porter sur les listes	NOMBRE DE CANDIDATS à nommer PAR CATÉGORIE	
	3	Sénateurs.	Les Membres du Sénat. .	9	Sénateurs.
	5	Députés.	Les Membres du Corps Législatif	15	Députes.
	3	Membres du Conseil d'Etat	Les Membres du Conseil d'État.	9	Membres du Conseil d'Etat.
	1	Membre de la Cour des Comptes. . .	Les Membres de la Cour des Comptes.	3	Membres de la Cour des Comptes.
	3	Memb. de l'Institut	Les Membres de l'Institut.	9	Memb. de l'Institut.
	1	Médecin.	Les Membres de l'Académie de Medecine . . .	3	Membres de l'Académie de Medecine.
	4	Magistrats.	Les Membres de la Cour de Cassation, de la Cour Imperiale et du Tribunal de première Instance. .	12	Magistrats.
	1	Notaire	La Chambre des Notaires.	3	Notaires.
Un tiers du Conseil municipal.	1	Avocat	Les Conseils réunis de l'ordre des Avocats à la Cour de Cassation et a la Cour Impériale de Paris.	3	Avocats.
	1	Avoué.	Les Chambres réunies des Avoués a la Cour d'appel et au Tribunal. . .	3	Avoues.
	1	Professeur.	Les Professeurs des facultés de Paris.	3	Professeurs.
	1	Ingénieur de l'Etat.	Les Membres des Conseils généraux des Ponts et Chaussées et des Mines.	3	Ingénieurs de l'État.
	1	Ingénieur Civil. . .	Les Membres du bureau de la Société des Ingénieurs Civils	3	Ingénieurs civils.
	1	Architecte.	Les Membres du bureau de la Société Centrale des Architectes	3	Architectes.
	1	Entrepreneur . . .	Les Membres réunis des Chambres syndicales de l'Industrie du bâtiment.	3	Entrepreneurs.
A reporter	28	Conseillers	A reporter	84	Candidats.

NOMBRE DE CONSEILLERS à nommer PAR L'EMPEREUR dans chaque catégorie		DÉSIGNATION DES ÉLECTEURS nommant à l'élection ET AU SCRUTIN SECRET, à la majorité relative les Candidats à porter sur les listes	NOMBRE DE CANDIDATS à nommer PAR CATÉGORIE	
Report . .	28	Conseillers	*Report*	84	Candidats.
	9	Commerçants ou Industriels	Les Membres réunis de la Chambre et du Tribunal de Commerce	27	Commerçants ou Industriels.
Un second tiers du Conseil municipal.	5	Ouvriers.	Les Membres ouvriers du Conseil des Prud'hommes.	15	Ouvriers.
	14	Propriétaires dont un dans chaque groupe de deux arrondissements.	Les propriétaires inscrits depuis deux ans, dans chaque arrondissement, au rôle de la contribution foncière, formés en 14 groupes de deux arrondissements chacun, et qui n'exercent pas leur droit d'électeurs municipaux à un autre titre .	84	Propriétaires, à raison de 6, pris dans chaque groupe de deux arrondiss.
Le dernier tiers du Conseil municipal.	28	Citoyens âgés de plus de 25 ans, domiciliés depuis deux ans au moins dans l'arrondissement. — 1 par arrondissement .	Les citoyens âgés de plus de 25 ans, domiciliés depuis deux ans au moins dans chaque arrondissement, et qui n'auront pas le droit d'électeurs municipaux à un autre titre	168	Citoyens, à raison de 6, pris dans chaque arrondissement.
TOTAL. . .	84	Conseillers	TOTAL.	378	Candidats.

Nul ne peut être porté sur les listes de candidats s'il n'est âgé de 25 ans au moins, et s'il n'acquitte pas à Paris, depuis deux ans au moins, l'une des quatre contributions directes.

ART. 6.

Les maire et adjoints de chaque arrondissement sont également choisis par l'Empereur sur les listes de candidats, dressées conformément aux indications du tableau qui précède. Ils doivent avoir leur domicile dans l'arrondissement ou y être propriétaires. Les maires peuvent être membres du Conseil municipal.

Art. 7.

Les listes électorales pour la nomination des candidats aux fonctions de conseillers municipaux, par les propriétaires et par les citoyens désignés au tableau ci-dessus, seront dressées conformément aux règles prescrites par la loi pour les listes des élections municipales.

Art. 8.

Les conseillers municipaux, les maires et les adjoints sont nommés pour cinq ans. En cas de vacances dans cet intervalle, il est pourvu au remplacement, pour chaque catégorie, ou pour chaque arrondissement ou groupe d'arrondissements, au moyen de nouveaux candidats nommés sur les listes établies comme il est dit à l'article 5, et dans la proportion indiquée audit article.

Art. 9.

Les procès-verbaux des séances du Conseil municipal seront publiés, et les noms des orateurs seront inscrits aux procès-verbaux. Tout citoyen ayant droit de voter pour la composition des listes de candidats, aura le droit de demander communication de ces procès-verbaux.

ART. 10.

L'administration de Paris-Capitale sera soumise aux rè-gles de la comptabilité départementale, sauf en ce qui concerne la quotité des centimes ordinaires et spéciaux départementaux et communaux, la limite des aliénations ou des acquisitions à faire et les traités à long terme, qui seront réglés par une loi.

Le vote du budget extraordinaire de Paris-Capitale ne sera plus soumis à la sanction du Corps législatif.

7130. — Paris — Imprimerie Vᵉ Poitevin, rue Damiette, 2 et 4.

PARIS. — IMP. Ve POITEVIN, RUE DAMIETTE, 2 ET 4.

www.ingramcontent.com/pod-product-compliance
Lightning Source LLC
Chambersburg PA
CBHW070754280326
41934CB00011B/2918